L'Education morale du Japon

CONFÉRENCE

FAITE

AUX OFFICIERS DE LA GARNISON DE CLERMONT-FERRAND

Par **G. DESDEVISES du DEZERT**

Extrait de *La Province*, Février-Avril 1909

TOURS

IMPRIMERIE PAUL BOUSREZ, J. ALLARD SUCC^r

1909

L'éducation morale du Japon [1]

Conférence faite aux officiers de la garnison
de Clermont-Ferrand

Vous ne vivez plus au temps des fées, et pourtant vous avez vu s'éveiller sous vos yeux tout un grand Empire endormi depuis 250 ans, comme la Belle au bois dormant de vos contes.

A l'est de l'Asie s'élèvent quatre grandes îles accompagnées de plus de 2.000 îlots, qui forment l'Empire insulaire du *Daï Nippon* ou Japon.

Entrevu par Marco Polo, il y a plus de six siècles, le Japon ne fut découvert que trois siècles plus tard par les Portugais Pinto, Zamaito et Borrallo. Poussés par la tempête ils débarquèrent à Tanegashima et furent très bien accueillis par les indigènes. Bientôt des missionnaires portugais et castillans vinrent prêcher le christianisme dans l'Empire, et le Japon commençait à entrer en relations suivies avec le monde occidental quand les querelles des Européens eux-mêmes vinrent tout gâter.

Les Portugais, unis aux Espagnols, voulaient soumettre le Japon au catholicisme, et en expulser les Hollandais hérétiques. Le stathouder de Hollande fit passer un avis au shôgoun Yéyas, prince de Yeddo, pour le mettre en garde contre les menées ambitieuses des Hispano-Portugais. « L'intérêt qui attire ces prêtres, lui disait-il, n'est autre que de gagner insen-

---

[1] G. Driault : *Le Shôgounat d'Edo* (Revue bleue). 4 janvier 1908.

Michel Revon : *Le Shintoïsme*. Paris, Leroux, 1907, in-8°.

Oldenberg : *Le Bouddha, sa vie, sa doctrine, sa communauté*. Paris, 1894.

Jacques Flach : *L'âme japonaise d'après un Japonais* (Annales des Sciences politiques et littéraires, 1904).

L. Gonse : *L'art japonais*. Paris, 1900.

siblement les naturels à leur doctrine et de leur ins-
pirer de l'aversion pour les sectateurs de toute autre
loi ; bientôt ils font naitre des rivalités avec les diffé-
rentes sectes et occasionnent des rivalités et des
guerres, d'où il peut résulter que ces prêtres devien-
nent les maitres de tout l'Empire. »

Cette lettre détermina Yéyas à proscrire le christianisme. Des exécutions eurent lieu en 1611 de l'ère
des chrétiens à Kioto et à Fushimi. En 1612 le daïmio
d'Arima, converti au christianisme, fut condamné à
mort avec quatorze des siens. En 1614, cent chrétiens
furent bannis à Macao. Les chrétiens trouvèrent un
défenseur dans le prince d'Osaka, Hidéyori, mais ils
furent vaincus par le prince de Yeddo, et Hidéyori
périt brûlé dans son palais.

Yéyas s'était contenté de prohiber le christianisme au Japon, mais après sa mort (1616) de
graves désordres agitèrent le pays, et en 1633 le
shógoun Yémitsu prohiba tout commerce avec l'étran-
ger : « Que personne à l'avenir, disait l'édit, n'ait à
naviguer au Japon, même sous le titre d'ambassa-
deur.... sous peine de mort... et même le Dieu des
chrétiens serait traité comme les autres s'il contreve-
nait à cet ordre, et encore avec plus de cruauté. »

Un jeune chrétien d'une grande beauté, Masuda-
Shiro, rallia autour de lui tous les fidèles du Japon ;
ils étaient, dit-on, 100.000, qui pendant plusieurs années
firent campagne contre les troupes du shógoun de
Yeddo ; mais ils finirent par être bloqués dans la
ville forte de Shimabara, en 1638, et 40.000 des leurs
succombèrent dans la lutte ou se tuèrent pour ne pas
survivre à la défaite de leur parti.

Le christianisme continua à être pratiqué secrète-
ment dans quelques grandes familles japonaises ; le
peuple retourna au bouddhisme redevenu la religion
nationale de l'Empire.

La ruine du parti chrétien donna le pouvoir à la maison princière des Tokougawa, princes de Yeddo et shôgouns ou lieutenants-généraux héréditaires du Mikado ou empereur. Le régime dyarchique, créé par Yéyas et Yémitsu, dura jusqu'en 1868.

Le Japon vécut pendant cette période comme un pays enchanté, rigoureusement fermé aux gens du dehors, muré chez lui, ignorant de tout ce qui se passait au-delà de ses mers. Ce furent deux siècles exquis de vie enclose et intime, deux siècles de recueillement national, de féconde vie artistique et littéraire.

Dans la mystérieuse et splendide cité de Myako, aux larges rues rectilignes, aux 945 temples, toute bruissante du bruit des métiers à tisser la soie, à ciseler le bronze, l'or et l'argent, à sculpter le jade et l'ivoire, s'élevait, dans ses immenses jardins fleuris de chrysanthèmes et de nénuphars, le palais impérial, le Kinri, véritable ville de kiosques délicieux, en bois rares, sculptés comme des rêves, par des artistes d'une admirable patience. Là vivait le représentant héréditaire de la nationalité japonaise, le fils du soleil et de la lune, l'homme le plus noble de la terre, celui qui par une série ininterrompue d'ancêtres remontait au héros Zen-Mou, fondateur de l'Empire et contemporain de Romulus. Là vivait le Mikado, entouré de courtisans en larges pantalons à queue, le buste couvert de l'étole armoriée, la tête coiffée du képi de laque noire. Nul ne le voyait, excepté ses femmes. Les grandes dames de la Cour de Myako passaient discrètes et souriantes, les pieds nus sur les nattes fines, les cheveux dénoués sur les épaules, vêtues de robes couleur du temps, brodées d'oiseaux bleus, de hérons blancs, d'aigles roux. Elles offraient à l'ennui impérial leurs chants, leurs danses, leurs talents de conteuses, ou de joueuses de biwa, et qui sait? parfois un peu d'amour passait-il sous les lambris ouvragés et les rideaux de soie brodée.

En face de *Kinri*, de l'autre côté de la ville, s'élevait le *Nizio*, forteresse du chef de la garde impériale, représentant auprès de l'Empereur le lieutenant-général de l'empire, le shôgoun.

L'héritier des Tokougawa vivait à 500 kilomètres de là, dans sa ville princière de Yeddo, grand village féodal à trois zones : le *Shiro*, ou château shôgounal aux terrasses élevées, bâties en blocs cyclopéens ; le *Soto-Shiro*, deuxième enceinte remplie par les palais des grands feudataires ; le *Midzi* ou ville laborieuse allongeant ses milliers de maisons de bambou et de papier jusqu'au bord de la baie. Qui n'a pas vu Yeddo à cette grande époque ne sait pas ce que c'est qu'une ville de noblesse. Le long des rues, remplies d'une foule affairée et polie, passaient, au grand trot des porteurs, les *norimons* armoriés des dames de l'aris-tocratie, les coureurs nus et tatoués, les cortèges seigneuriaux, les magistrats à cheval, les guerriers en armures de bronze à tresses de soie, les pèlerins qui de tous les coins de l'Empire venaient adorer Kuan-On, au temple du Dragon d'or, ou prier au cimetière de Siba sur la tombe des quarante-sept *Ronins*, héros du point d'honneur féodal. Mais que regarde-t-on par-dessus le parapet de bois du pont de Nippon-basi ? C'est un jeune homme et une jeune fille qui viennent follement enlacés de se jeter à la rivière ; la foule s'amasse un instant, les officiers de police la dispersent et chacun retourne à ses affaires, sans penser plus longtemps à ce fou qui vient de se tuer pour les yeux d'une fille.

Tout autour de la ville, des jardins complantés d'ar-bres séculaires, des érables, des pins, des cryptomé-rias ; des pelouses ; des bouquets de bambous ; des fleurs, des azalées, des camélias par plaques et par nappes ; des tombeaux, des portiques sculptés et laqués.

Tous les deux ans, le shôgoun, escorté d'une armée de cinquante mille hommes, se mettait en route pour Myako, suivant la belle voie pavée du Tokaido qui reliait les deux villes ; il allait retremper son autorité dans la contemplation de la Majesté impériale.

Il gouvernait l'Empire avec le concours de ses vassaux directs, les daïmios, richissimes ducs militaires, qui pouvaient percevoir sur leurs sujets des impôts allant jusqu'à 80 0/0 du produit de la terre.

Certaines grandes familles, les Satzouma, les Firato, les Hizen, se croient plus nobles que le shôgoun et se révolteraient volontiers, mais le shôgoun a partout des châteaux, des arsenaux, des partisans, des espions ; il faut attendre, se taire et servir.

Chaque *daïmio* entretient à son service un certain nombre de gentilshommes, de *samouraï*, qu'il paie en sacs de riz : à celui-ci 1.000, à celui-là 10.000 sacs de riz, et le *samouraï* est l'homme-lige du daïmio, il veille sur sa vie et sur son honneur ; il le suit à la guerre, combat avec lui, le venge s'il meurt ou s'il est assassiné, venge ses injures, ou s'ouvre le ventre s'il ne peut obtenir satisfaction de l'insulteur.

Un poète occidental a peint ce joli portrait du samouraï :

D'un doigt distrait frôlant la sonore biwa
A travers les bambous tressés en fine latte.
Elle a vu sur la plage éblouissante et plate
S'avancer le vainqueur que son amour rêva.

C'est lui sabres au flanc, l'éventail haut ; il va,
La cordelière rouge et le gland écarlate
Coupent l'armure sombre et sur l'épaule éclate
Le blason des Hizen et des Tokougawa.

Ce beau guerrier vêtu de lames et de plaques
Sous le bronze, la soie et les brillantes laques
Semble un crustacé noir, gigantesque et vermeil.

Il l'a vue. Il sourit dans la barbe du masque
Et son pas plus hâtif fait reluire au soleil
Les deux antennes d'or qui tremblent sur son casque

Le samouraï se reconnaît au premier abord à l'expression grave et fière de son regard. « Il a façonné son humeur de telle sorte que le plus grossier manant n'ose s'attaquer à sa personnalité, même s'il est paisiblement assis... » Il porte deux sabres à la ceinture, le grand sabre de combat, *shoto*, dont la lame vaut parfois le revenu d'une province entière et tranche le fer comme un couteau tranche le bois ; le poignard de miséricorde, le *katana* ou *cahizashi*, pour s'ouvrir le ventre, opération si glorieuse que le samouraï s'y précipite « comme la mouche dans la flamme » sitôt que son honneur est en jeu. Dès l'âge de cinq ans, le samouraï reçoit l'initiation du sabre ; à quinze ans on lui donne l'armement complet, et dès lors le « sabre devient son âme » et sa loi suprême est la loi de chevalerie, le code de l'honneur noble, le *Bushido Yamato Damashi*.

Il ne fait pas toujours bon, pour un homme du vulgaire, coudoyer un samouraï. Un croquant s'avisa un jour de faire remarquer à un samouraï qu'une puce grimpait sur son dos ; d'un coup de sabre le chevalier pourfendit le stupide manant : « Les puces sont des parasites qui se nourrissent du sang d'autres animaux, n'était-ce pas une faute monstrueuse d'assimiler un noble guerrier à l'une de ces brutes ! »

Au-dessous des daïmios et des samouraï, végète l'humanité vulgaire, les agriculteurs, les artisans, les marchands ; les corroyeurs, parqués dans des villages spéciaux et méphitiques, et enfin, tout au bas de l'échelle des êtres, les *hinin*, chargés d'enlever les cadavres des condamnés à mort.

Tout ce peuple est laborieux et ingénieux. Il aime la terre, cultive le riz, nourriture universelle des hommes, pêche les poissons nourriciers, élève la volaille et les porcs, et vit sobre et paisible, actif et résigné, courtois et joyeux sous l'Empire du fils du soleil, sous la protection de ses shôgouns et de ses daïmios, dans la crainte du samouraï et du policier, dans un commerce familier avec toute sorte de dieux et de déesses bons enfants qui lui assurent de bonnes récoltes, le protègent de la tempête, de l'inondation et du naufrage, le réjouissent de leurs extravagantes frimousses et n'exigent de lui que des offrandes de cierges, de fleurs ou de papier parfumé. Et dans ce calme et glorieux pays l'art s'épanouit comme une fleur naturelle de la paix et de la chevalerie.

Or, il y a cinquante-quatre ans, des hommes qu'on n'avait jamais vus arrivèrent dans les mers du Japon montés sur des jonques immenses, et demandèrent à commercer avec le pays. Un grand ministre. Si-Kamon-No-Kami, engagea le shôgoun à leur ouvrir quelques ports. D'autres étrangers arrivèrent à leur suite et bientôt le Japon apprit l'existence de peuples nombreux dont il avait oublié les noms : des Américains, des Anglais, des Russes, des Français abordèrent à Yokohama, à Nagasaki, à Osaka avec des jonques remplies de marchandises étranges, d'instruments, de machines, d'armes perfectionnées.

D'abord leurs mines piteuses et leurs vêtements étriqués firent rire les femmes et les enfants, mais ces étrangers sans courtoisie et sans honneur commirent de si horribles excès que les Japonais perdirent patience, et un jour, près de Yokohama, quelques samouraï du prince de Satzouma sabrèrent un Anglais en pleine route.

Les étrangers résolurent de venger leur compatriote et incendièrent les forts de Simonosaki. De nouveaux traités furent nécessaires pour arrêter la fureur des barbares.

Cependant les daïmios et les samouraï voyaient avec peine le shôgoun pactiser avec ces étrangers, et commençaient à tourner leurs regards vers le Mikado, seul capable, pensaient-ils, de rétablir les anciennes bonnes mœurs. Il y a quarante ans environ mourut le Mikado Komeï Tennó, et son jeune fils Mutsu-Hito, âgé de seize ans, lui succéda. Poussé par les daïmios, Mutsu-Hito, sorti de l'ombre du *Kinri*, supprima le shôgounat, écrasa ses ennemis en plusieurs grandes batailles, et le Japon n'eut plus désormais qu'un maitre.

Mais bien loin de rétablir les anciennes mœurs, Mutsu-Hito et les grands hommes d'Etat qui le servaient comprirent que l'intérêt du Japon voulait qu'il adoptât les idées et les institutions des Européens et la révolution, faite au nom des traditions, ne servit en somme que la cause du progrès.

Le nouveau régime a changé l'histoire du Japon. Myako, devenue simple ville impériale, a perdu jusqu'à son nom. Yeddo, devenue To-kio, est la résidence de l'Empereur, souverain seigneur de l'Etat. Là sont aussi les ministères ; là siège la Diète de l'Empire, composée de la Chambre des seigneurs et de la Chambre des députés; là sont les grands tribunaux et la principale Université du pays.

Le régime féodal a été aboli. Tous les Japonais sont citoyens et égaux devant la loi, codifiée et intelligible pour tous. Le pays s'est enrichi. Il compte aujourd'hui 48 millions d'habitants. Il est sillonné par de belles routes et par des chemins de fer. Les revenus impériaux montent à 1.236 millions. Le commerce à 1.590 millions de francs. L'armée japonaise, instruite à l'Européenne, commandée par les anciens daïmios et par les anciens samourais, compte sur pied de guerre 1.300.000 combattants. La flotte japonaise jauge 250.000 tonnes et occupe le cinquième rang parmi les flottes du monde.

Pendant longtemps il a été de mode chez les étrangers de rire du Japon : ce petit peuple jaune qui voulait changer de costume et d'almanach, qui jouait au soldat, au marin, au magistrat, à l'ingénieur, et qui s'offrait même le luxe d'une séparation de l'Église et de l'État.

Aujourd'hui personne ne rit plus ; le Japon a fait la guerre à la Chine et conquis les Liou-Kiou, les Pescadores et Formose. Il a fait la guerre au grand Empire russe. Il a battu la flotte russe à Tsoushima. Il a pris la ville russe de Port-Arthur. Il a battu l'armée russe sur le Ya-Lou, à Liao-Yang et à Moukden, a conquis la Corée, et s'est fait concéder mille avantages dans la Mandchourie chinoise.

Le Japon a fait reculer les Européens en Asie, et l'Asie regarde aujourd'hui vers lui, et lui demande le secret de la force qui l'a fait vaincre. Et cette force est avant tout une force morale, une force sacrée qui rend invincibles les peuples qui la possèdent : le sens du patriotisme et de l'honneur.

Le Japon paraît tout changé aux yeux de l'Européen frivole, mais s'il a adopté les uniformes militaires, les canons et les fusils d'Europe, il est resté fidèle à ses traditions et à ses mœurs, et la vieille âme japonaise n'a point changé. Elle est restée fidèle à ses quatre maîtres : Shintoïsme, bouddhisme, confucéisme et chevalerie.

Le shintoïsme est la plus ancienne et la plus nationale des religions du Japon ; c'est une grande religion naturaliste qui a divinisé toutes les forces de la nature, et qui prête aux dieux la figure et les passions des hommes.

La grande divinité du Shinto est la déesse soleil, source de toute beauté, de tout bien et de toute joie ; le dieu lune, plus capricieux et moins puissant, est aussi moins honoré. Le dieu de la tempête et de l'océan est l'enfant terrible de la famille céleste qui l'écarte d'elle, le plus qu'elle peut.

*

Il y a cent mille dieux, qui remplissent les enfers, la terre et le ciel ; nul ne les connait, nul n'oserait les figurer ; leurs temples ne renferment pas d'images, mais un simple miroir, le *Kagami*, symbole de pureté. Au-dessous des dieux, âmes du vaste monde, le Shinto place les Esprits, les Kamis, mânes divinisés des Empereurs, des héros et des sages, de tous ceux qui honorèrent et grandirent la patrie, et voilà pourquoi le Shinto est resté la religion officielle de l'Empire ; religion très simple et très grande, qui rend honneur en la personne des cent mille dieux au créateur incompréhensible et toujours caché, et qui honore dans les Kamis ceux qui ont « mis la patrie dans la voie des dieux »

Le Shinto a aussi mille légendes, sur lesquelles l'imagination japonaise se plait à rêver. C'est l'histoire d'une pierre blanche, donnée à un jeune peintre qui, d'un amoureux pinceau, la transforme en jeune fille. C'est un dieu, qui mâche les joyaux de sa chevelure et les transforme en enfants ; c'est un jeune homme, dont les flèches s'épanouissent en glycines fleuries pour séduire le cœur de sa bien aimée ; c'est le dieu Izanaghi qui est descendu aux Enfers pour y retrouver la compagne qu'il a perdue ; il la ramène au jour, mais il veut la voir avant d'avoir franchi le seuil redoutable ; il allume la dent d'un peigne et elle tombe en poussière devant ses yeux.

La légende explique tout ce que la science ne peut expliquer. Elle dit pourquoi la bêche de mer a une si grande bouche : c'est qu'un dieu la lui a fendue d'un coup de sabre. Si la méduse est gélatineuse, c'est que le roi des mers, furieux de sa stupidité, l'a fait battre jusqu'à la réduire en gelée. Si les guerriers n'aiment pas combattre face au soleil, c'est que jadis un empereur, fils de la déesse solaire, a été vaincu pour avoir marché contre sa mère.

Tous ces vieux contes revêtent tout le sol japonais

d'un manteau de poésie, le transfigurent aux yeux de
ses fils, et font d'une terre comme les autres une terre
sans pareille, une terre divine, séjour des génies et des
dieux.

Par son côté légendaire et merveilleux le Shinto
plaît aux simples, aux femmes. aux enfants, à la masse
populaire, qu'il instruit en l'amusant, qu'il mora-
lise avec ses paraboles et ses récits divins. Par le côté
patriotique il séduit les hommes d'État et les guerriers. Par les hautes spéculations qu'il autorise, il
touche aux plus nobles philosophies. Il est comme ce
pont aérien que la pluie et la lumière jettent entre la
terre et le ciel. Il a ses assises les plus basses dans
la fange des rizières et sa clef de voûte en plein ciel.

Doctrine étrangère, venue de l'Inde, et implantée
assez tard au Japon, le bouddhisme se présente,
comme le Shinto, sous une double forme populaire et
philosophique.

Le bouddhisme populaire a adopté beaucoup de
dieux du Shinto, mais il leur a donné des noms et des
images et le luxe de ses temples a favorisé le dévelop-
pement des arts.

Au temps où régnait en France le duc Charles
Martel, l'Empereur Shioumoun fit fondre à Sitaraki,
dans la province d'Oumi, une statue en bronze du Bouddha, qui fut apportée six ans plus tard à Nara et mon-
tée pièce par pièce, en soudant chaque morceau
à l'aide de tenons intérieurs. La statue, encore intacte
aujourd'hui, mesure 25 mètres de hauteur. « Le dieu
est assis sur la fleur de lotus symbolique. il semble
abimé dans la contemplation de l'absolu, sa main
droite est ouverte et levée, la gauche étendue et
appuyée sur le genou. la paume en dehors. Les plis de
la robe sont d'une ampleur et d'une souplesse qui rap-
pellent la Grèce ; la construction du corps, par grandes
masses, est d'une ordonnance magnifique, le dessin

d'une correction sévère ; le geste, qui est presque un bénissement, exprime le détachement des choses humaines, l'oubli de tout ce qui peut troubler le calme de l'âme. La sérénité d'une insondable rêverie, une majesté surhumaine revêtent la figure d'une inexprimable grandeur. » (Gonse.) Kamakoura, près de Tokio, possède encore un Bouddha de bronze de seize mètres de haut. Mégouro en avait un fort beau, quoique plus petit, qui figure aujourd'hui à Paris comme pièce principale de la collection Czernuschi. A côté de ces grandes œuvres que de délicates et intéressantes figurines, que de charmantes statuettes, que d'ingénieux dessins dans les vieux sanctuaires du Japon !

Le dieu du soleil, Maritshi Séwa, se présente sous la forme d'un beau guerrier debout sur un pied sur le dos d'un sanglier au galop. Le dieu a un corps, trois têtes à la chevelure flamboyante et six bras. Il tire de l'arc, brandit sa lance, tient un sabre et joue du chasse-mouches avec un entrain diabolique : c'est le tourbillon de la lumière éblouissante, qui fait papilloter les yeux et donnerait la nausée à l'audacieux qui voudrait la contempler.

Mollement assis sur deux gros sac de riz, Mahakala, le dieu des ténèbres, se montre toujours accompagné du dieu Vaisravana et de la déesse Pien-Tsaï-Tien qui lui tiennent compagnie et l'empêchent de s'ennuyer.

Fou-Ten, le dieu du vent, brandit une voile gonflée, ou une outre, de laquelle s'échappent les ouragans.

Raïden, le dieu du tonnerre, a les prunelles vertes et les dents du tigre, lance une torche enflammée et frappe sur des gongs suspendus en cercle autour de sa tête.

Ce ne sont là que des dieux matériels et grossiers. Tout autre est la déesse Kouan-On, la Vierge céleste de l'Olympe japonais. Kouan-On est un Boddhisatva,

c'est-à-dire une créature humaine élevée par ses pro-
pres vertus au rang des dieux. Fille d'un roi idolâtre,
elle avait embrassé la foi bouddhique, et ses parents
la firent mettre à mort. A son entrée dans le ciel,
Bouddha lui demanda ce qu'elle désirait pour sa récom-
pense ; elle supplia le dieu de la renvoyer sur terre
pour qu'il lui fût donné de convertir ses parents. Elle
obtint de reparaitre en vie devant eux et les conver-
tit, mais son admirable charité la portait à commettre
mille imprudences. Un jour, voyant un manchot, elle
lui jeta ses bras ; un autre jour, à un aveugle, elle jeta
ses yeux. Les dieux lui donnèrent 10.000 bras et
10 000 yeux, mais elle ouït parler des damnés dévorés
par les flammes, déchirés par des pluies de sabres,
noyés dans des étangs de sang pourri, et Kouan-On
pleura tant et tant sur leurs maux qu'elle devint
aveugle. Les dieux la prirent alors en pitié et l'éle-
vèrent au rang divin. Ils en firent la déesse de la bonté,
de la pitié, de la miséricorde, l'étoile de la mer, l'espé-
rance du matelot en péril, la consolatrice de tous les
affligés, la compatissante universelle, la blanche don-
neuse d'enfants. Kouan-On au sceptre de jade, Kouan-
On au visage d'or, la plus belle, la plus sainte, la plus
aimée de tous les dieux.

N'eût-il trouvé que ce type admirable, le bouddhisme populaire mériterait d'être considéré comme
une grande religion ; mais il a fait plus encore. Dans
un monde affreusement barbare, fondé sur le culte de
la force, il a ouvert aux âmes faibles et tendres l'asile
inviolable des monastères. A l'ombre des couvents, il
leur a permis de vivre en paix, dans la lecture, dans
la prière, dans la méditation et l'extase. A la société
féodale japonaise éprise de bruit, d'éclat, de gloire et
de succès, il a révélé la beauté du sacrifice, la grandeur du renoncement, la majesté de l'humiliation vo-
lontaire. Il a offert le relèvement aux âmes tombées.

Telle guëscha qui joue de la guitare et danse dans les maisons de thé, le jour où elle sera libre, prendra le chapelet, le bâton et la sébile des nonnes mendiantes et purifiera son âme par la pénitence et la charité. Le bouddhisme enfin a enlevé de l'âme japonaise l'égoïsme individuel et la crainte de la mort. Petite fourmi de l'humaine fourmilière sans cesse renouvelée, bien persuadé que la vie n'est qu'un songe douloureux, que cette vie n'est qu'un anneau d'une chaine immense et qu'aujourd'hui a pour tous, vivants ou morts, un lendemain, le Japonais souffre en paix et rit en silence et meurt en souriant, comme les Européens savent rarement mourir.

Mais le bouddhisme n'est pas seulement un polythéisme à tendances morales, c'est aussi une des plus nobles doctrines qui aient été proposées aux méditations des hommes, si noble en vérité, qu'il n'en est qu'une qui puisse lui être comparée, et que l'on dit même que plus d'un disciple du Christ en Extrême-Orient a fini par préférer la doctrine du sage de la famille Çakia.

Le bouddhisme fut une tentative de réforme de l'antique doctrine brahmanique. Les sages hindous enseignaient que l'âme de l'homme est immortelle et va se désincarnant et se réincarnant sans cesse en une suite d'existences sans fin ; si bien que l'homme ne meurt que pour renaître, mais ne renait que pour mourir, et qu'il n'est, au fond, rien de plus douloureux ni de plus décourageant que cette sorte d'immortalité.

Bouddha fut extrêmement frappé des maux de l'existence : douleur, maladie, vieillesse, mort, et plus surpris encore de l'attachement extraordinaire que l'homme témoigne à la vie. La douleur lui apparut comme la compagne inséparable et nécessaire de la vie, comme la preuve même de la vie : « Tu souffres, donc tu es. » L'origine de la douleur, il la trouve dans la soif de l'existence, qui conduit l'homme de renaissance en renaissance. La suppression de la douleur, il la plaça dans l'extinction de la soif de vivre, dans l'anéantissement de tout désir. Les moyens d'arriver à l'anéantissement du désir furent pour lui : foi pure, volonté pure, langage pur, action pure, moyens d'existence purs, application pure, mémoire pure, méditation pure, c'est-à-dire le renoncement à tout intérêt, à toute personnalité, à tout égoïsme.

Toute vie est douleur.

Si tu veux vivre, tu vivras, mais tu vivras dans la douleur.

Si tu anéantis en toi le désir de vivre, tu ne renaitras plus à la douleur.

Si tu ne veux plus renaitre à la douleur, oublie-toi toi-même et pénètre la bonté.

Voilà dans toute sa glorieuse simplicité toute la doctrine de l'ascète Gotama, du sage de la famille Çakia, du Bouddha qui a découvert le secret divin de la Délivrance.

Religion d'ascétisme, de renoncement et de charité, le bouddhisme est actuellement très mal vu des hommes politiques du Japon. Ils lui ont retiré son antique caractère de religion nationale, ils ont fermé un grand nombre de ses temples et de ses couvents, ils l'ont dépouillé d'une partie de ses biens. Ils disent volontiers que c'est une religion qui a fait son temps, bonne pour les femmes et les villageois. Les bonzes ont beaucoup souffert de ces préventions, mais ils savent que la doctrine de l'ascète Gotama a des racines trop anciennes et trop profondes pour disparaitre sous l'effort d'une petite tempête politique. Ils se sont instruits, comme le Japon tout entier s'est instruit ; ils ont lu les anciens livres sur la doctrine, ils ont compris et pénétré la doctrine, et déjà les savants occidentaux commencent à se passionner avec eux pour la doctrine Le bouddhisme, qui a eu une si grande influence sur l'âme japonaise, ne disparaitra pas de la terre du Japon.

Outre le shintoïsme et le bouddhisme, le Japon a connu aussi la religion *Siouto*, la voie des philosophes, qui n'est autre chose que la doctrine du sage chinois Kong-Fou-Tseu, et a surtout appris aux Japonais la politesse et les règles de la bienséance.

La politesse est l'art exquis de s'effacer en toutes choses devant la personne à qui l'on parle, et de se mettre toujours au second plan. C'est une renonciation aux instincts égoïstes qui mènent les hommes sans éducation, et, quoiqu'elle soit de pure forme, elle n'en facilite pas moins d'une manière extraordinaire les relations sociales et équivaut, quand elle est bien entendue, à une véritable vertu.

Les Européens sont unanimes à se louer de la politesse japonaise. Un voyageur raconte qu'il passa une matinée dans la maison d'un campagnard. Il y avait là plusieurs enfants en bas âge; il les observa plusieurs heures et ne les vit pas une fois passer devant leur aïeul sans lui adresser un salut respectueux. A chaque instant, dans la rue, en tram, en chemin de fer, retentit le cordial bonjour japonais: *Aoïo!* L'Européen est surpris et choqué de certaines formes de langage : un Japonais dira en parlant de lui même, « le pauvre sot que je suis », en parlant de sa femme, « ma rustaude de femme », en parlant de son fils, « mon pourceau de fils », mais ce ne sont là que des formes de langage, pas plus singulières après tout que le « Très humble serviteur » des Européens. Le Japonais, qui témoigne tant d'égards à son hôte et se fait tout petit devant lui, sait bien qu'il lui donne ainsi une preuve de sa bonne éducation et gagne auprès de lui en considération; l'hôte fait de même et proteste amicalement contre la modestie exagérée de son interlocuteur et à travers les formes convenues de la politesse banale scintillent par moments tous les feux de l'esprit.

L'etiquette du sabre est une des plus jolies pages de la civilité japonaise. Frapper le fourreau de son sabre contre celui d'une autre personne est un grave manquement aux convenances. Tourner le fourreau dans sa ceinture, comme si l'on se préparait à tirer son arme, équivaut à une provocation. Il n'est pas poli de sortir son sabre du fourreau, en la présence d'autres personnes, sans en demander d'avance la permission à chacun. Entrer chez un ami avec son sabre est une rupture de l'amitié. On doit le déposer à l'entrée de la maison, les serviteurs de l'hôte doivent le prendre, non avec la main, mais avec un mouchoir de soie, qui ne sert qu'à cet usage. et placer l'arme sur un porte-sabre, qui doit se trouver à la place d'honneur, près de l'invité. Elle ne doit jamais être placée à gauche, excepté en cas de danger imminent. Il n'est pas d'usage de demander à voir un sabre, excepté s'il s'agit d'une lame de valeur et que la demande puisse flatter l'amour-propre du possesseur. Dans ce cas. on présente l'arme par le dos, le coupant tourné en dedans, la poignée à gauche. La lame doit être sortie du fourreau peu à peu et admirée morceau par morceau. Elle ne peut jamais être sortie entièrement, à moins que le propriétaire lui-même n'insiste pour la montrer tout entière. Il ne faut jamais toucher à la lame qu'avec un mouchoir de soie. Après l'avoir admirée à loisir, on la remettra au fourreau et on la rendra à son propriétaire (Gonse).

Ces usages ont disparu aujourd'hui avec le port du sabre, mais la courtoisie exquise d'autrefois n'a point encore fait place à la grossièreté européenne. On devra pour régler sa note d'hôtel importuner l'hôtelier, qui protestera d'abord qu'il est trop honoré d'avoir hébergé le voyageur pour rien lui prendre ; il finira par présenter une note dérisoire qui représentera à peu près les frais faits par le voyageur. Celui-ci, à son tour, se récriera sur la modicité de la note, et, de lui-même il doublera ou triplera la somme demandée, et il lui faudra combattre encore pour faire accepter son présent.

Autre forme plus délicate et plus rare de courtoisie. Si triste que l'on soit, on ne se montrera jamais à son ami plus affligé de son propre chagrin que content de le voir. Les yeux pleins de larmes, on fera bon visage et si l'ami s'informe du sujet de vos peines, on répondra en refoulant ses pleurs : « La vie humaine a ses chagrins ; ceux qui se rencontrent doivent se quitter..... toute créature doit mourir. ... il est insensé de compter les années d'un enfant qui est parti, mais le cœur des femmes se laisse aller à l'insanité. » — Poussée à ce point d'oubli de soi-même et d'empire sur son cœur, la politesse devient une vertu.

Mais le *Siouto* n'a pas été le maître le plus écouté de l'âme japonaise, c'est le *Bushido*, ou code chevaleresque, qui a eu cet honneur.

Le Bushido était le livre de chevet du samouraï. La première vertu du chevalier était le courage, la bravoure, pour ainsi dire instinctive et irréfléchie, qui portait le héros vers le danger aussi naturellement que la pusillanimité en éloigne le lâche.

La seconde vertu était le sentiment de l'honneur, entendu à la japonaise, assurément, mais très semblable à l'honneur tel que l'entendait un romain ou un paladin du moyen-âge occidental.

Le samouraï devait être fidèle à son seigneur et à son souverain.

Il devait, avant tout, songer à l'honneur de sa maison, jusqu'à immoler, au besoin, tous ses enfants pour sauver son fils aîné. Prêt à tout sacrifier pour la gloire de son nom, tous les siens se devaient pareillement à lui corps et âme et n'étaient entre ses mains que des instruments dociles de la gloire commune.

Il lui fallait, en toutes choses, se distinguer de l'homme vulgaire et intéressé. « Comme la fleur du cerisier sauvage est la reine des fleurs, ainsi le samouraï est le seigneur des hommes..... » Il lui fallait tout faire en vue de la gloire et de l'approbation du monde, venger ses injures ou se tuer, si la vengeance lui était impossible. Par le *hara kiri*, le samouraï était censé dire à ses adversaires : « Je veux mettre devant vous mon âme à nu, regardez vous-même si elle est souillée ou pure. »

Le but suprême de l'éducation chevaleresque était la fermeté du caractère, l'impassibilité absolue, l'égalité d'âme stoïque.

Et souvent, le samouraï eut réellement ces vertus. Encore aujourd'hui la littérature japonaise est pleine de son souvenir et du bruit de ses exploits. Au siège de Port-Arthur, à l'un des plus meurtriers assauts, trois cents nobles japonais revêtirent encore une fois l'armure laquée, le casque aux antennes d'or et s'élancèrent les premiers en brandissant les sabres héraldiques ; l'effet moral fut si puissant que la colonne poussa jusqu'aux retranchements russes et resta tout entière dans le réseau des chausses-trappes et des fils de fer.

C'est au vieil idéal chevaleresque des aïeux que le Japon moderne a dû sa victoire.

Et qui sera demain le maître de l'âme japonaise ? se demande un professeur à l'Université de Tokio, M. Izano Nitobé.

Et il répond: Bushido sera l'âme du Japon futur comme il a été l'âme de la chevalerie japonaise. Seulement son cercle s'élargira ; il ne sera plus le monopole d'une élite, mais l'esprit de la nation entière, devenue une nation armée, ayant pour règle de conduite la vieille discipline du samouraï, guidée par la science occidentale. L'égoïsme national prendra la place de l'esprit de caste. Le Japonais sera le samouraï de l'Univers, et le Japon dominera le monde comme le samouraï dominait le Japon.

Ce que dit de sa patrie le professeur de Tokio, le professeur de Clermont le dira, Messieurs, de la nôtre :

La France possède, elle aussi, son Shinto, sa religion nationale, son culte des ancêtres héroïques, depuis Vercingétorix jusqu'à ces braves, vos frères d'armes, qui se battent en Asie ou en Afrique pour la gloire de son nom. Elle a ses légendes, ses histoires, ses gestes, ses hauts faits, qui font de notre terre la plus noble qui soit au monde. Elle a sa vieille foi populaire tout imprégnée de charité et d'amour. Elle a sa foi éclairée et sa foi scientifique, toutes brûlantes l'une et l'autre de passion pour la vérité et pour le bien. Elle a sa courtoisie légendaire, avec toutes les supériorités que donne un esprit plus fin et un idéal plus généreux. Elle a son code de l'honneur plus humain mais tout aussi impérieux et tout aussi apte à faire les braves. Elle n'aspire pas à dominer brutalement, mais à éclairer l'univers, et que lui faut-il pour continuer le cours de ses glorieuses destinées ? croire à l'avenir, rester fidèle à son noble idéal, garder le culte de sa gloire et de son drapeau.

Tours, Imprimerie Paul Bousrez. — J. Allard, Succr

TOURS, IMP. PAUL BOUSREZ. --- J. ALLARD, SUCC^r.